MW01709317

La voie la plus facile

Gracienne Binette
2016.

MABEL KATZ

La voie la plus facile

Résolvez vos problèmes et réalisez vos rêves grâce à la méthode hawaïenne Ho'oponopono

Le Dauphin Blanc

Catalogage avant publication de Bibliothèque et Archives nationales du Québec et Bibliothèque et Archives Canada

Katz, Mabel

La voie la plus facile : résolvez vos problèmes et réalisez vos rêves grâce à la méthode Ho'oponopono

Traduction de: The easiest way.

ISBN 978-2-89436-249-5

1. Réalisation de soi. 2. Résolution de problème. 3. Succès - Aspect psychologique. I. Titre.

BF637.S4K3814 2010 158.1 C2009-942488-6

Nous reconnaissons l'aide financière du gouvernement du Canada par l'entremise du Programme d'aide au développement de l'industrie de l'édition (PADIÉ) pour nos activités d'édition.

Nous remercions la Société de développement des entreprises culturelles du Québec (SODEC) pour son appui à notre programme de publication.

Publié à l'origine en anglais sous le titre *The Easiest Way* (© Your Business Press, 2003), de Mabel Katz, pour l'édition anglaise.

Traduction : Sandrine Borja (sandrineborja@hotmail.com)
Infographie : Marjorie Patry
Mise en pages : Marjorie Patry
Révision : Amélie Lapierre

Éditeur : Les Éditions Le Dauphin Blanc inc.
6655, boulevard Pierre-Bertrand, local 133
Québec (Québec) G2K 1M1 CANADA
Tél. : 418 845-4045 Téléc. : 418 845-1933
Courriel : dauphin@mediom.qc.ca
Site Web : www.dauphinblanc.com

ISBN : 978-2-89436-249-5
Dépôt légal : 1e trimestre 2010
Bibliothèque nationale du Québec
Bibliothèque nationale du Canada

© Les Éditions Le Dauphin Blanc inc., 2010
Tous droits réservés pour tous pays francophones

Imprimé au Canada

Limites de responsabilité

L'auteure et l'éditeur ne revendiquent ni ne garantissent l'exactitude, le caractère applicable et approprié ou l'exhaustivité du contenu de ce programme. Ils déclinent toute responsabilité, expresse ou implicite, quelle qu'elle soit.

À mes fils, Lyonel et Jonathan, que j'aime de tout mon cœur.
Je suis très fière de vous et vous souhaite de trouver
cette voie plus rapidement que moi.
Ce livre, La voie la plus facile, *je l'ai écrit pour vous.*

Table des matières

Remerciements

Je désire exprimer ma reconnaissance aux personnes et aux organisations suivantes :

- À Dieu, pour sa patience, pour son amour et pour sa présence constante à mes côtés, même quand je l'ignorais.
- Au Dr Ihaleakalá Hew Len, pour être mon inspiration, mon maître et mon « occasion opportune », pour ses enseignements et pour son soutien. Ce livre est le fruit de tout ce que j'ai appris auprès de lui durant les quatre dernières années.
- À Kamailelauli'I Rafalovich, pour le travail incroyable qu'elle accomplit, pour sa sagesse, sa patience et son dévouement.
- Aux personnes de *Foundation of I*, pour tout l'engagement, le travail et le matériel qu'ils mettent à notre disposition.
- À Tony Rose, qui, lorsque je lui ai parlé de mon émission à la radio et des résultats obtenus, m'a dit sans hésiter : « Tu dois écrire un livre. » À ce moment-là, je me suis rendu compte à quel point il était important de terminer ce projet.

- À Betina Rapoport, pour être toujours présente, pour m'aider à garder « les pieds sur terre » et à reconsidérer mes idées et mes projets.
- À María Mayer, parce qu'elle fut la première éditrice avec qui j'ai travaillé à ce projet. Elle m'apporta un encouragement et une stimulation incroyables en me confiant à quel point mon livre lui avait été utile.
- À Fernando Gómez, une personne avec tant d'expérience, pour ses paroles si encourageantes.
- À Diana Valori, pour sa pensée juste et claire. Elle était la seule à pouvoir terminer ce casse-tête et réunir toutes les pièces.
- À ma mère, pour m'avoir donné la chance de venir au monde et pour m'avoir toujours épaulée dans mes projets, mes choix et les changements radicaux de ma vie.
- À Mirta et Julio Lublinerman, pour leurs subtiles recommandations qui provoquèrent en moi de fabuleux éclairs de compréhension.
- À Alejandro Katz, pour son amour et son dévouement à la famille, ce qui a permis que je sois ce que je suis aujourd'hui.

- À Julie Jacobo, pour être si chaleureuse, pour son amour et son dévouement envers mes fils, pour toute son aide.
- À Ellen Reid, qui, avec son expérience, m'a aidée à chacune des étapes de ce processus.
- À tous ceux qui sont passés ou qui passeront à un moment ou à un autre dans ma vie.

Merci. Merci beaucoup.

Avant propos

J'ai grandi en sachant que je détenais un très grand secret. Je savais comment obtenir ce que je désirais ardemment, mais j'avais également la croyance qu'il fallait beaucoup travailler pour l'obtenir, que tout avait un prix et qu'il était très élevé.

Une fois adulte, j'ai eu tout ce à quoi une personne pouvait aspirer sur les plans matériel et affectif : une maison récente, des voitures neuves, suffisamment d'argent pour voyager et acheter tout ce que je voulais, un mari qui m'adorait et deux beaux garçons en bonne santé. Cependant, je n'étais pas heureuse; bien au contraire, j'étais une personne très en colère.

Un jour, j'ai reconnu cette colère chez mon fils aîné, Jonathan. Cette prise de conscience me renversa. Ce fut comme un réveil brutal et je me suis alors dit : « Mabel, tu dois faire quelque chose à ce sujet. Tu ne peux pas continuer ainsi. Cela doit cesser. »

C'est à ce moment que j'ai commencé ma quête. Mon premier séminaire portait sur le thème de la colère. Il était animé par le Dr Bill, envers qui je suis immensément reconnaissante pour tout ce qu'il m'a appris. Puis, j'ai pratiqué le yoga et la visualisation avec Anna, ce qui m'a permis d'entrer en contact avec le pouvoir incroyable que nous avons en nous pour créer et attirer tout ce que nous voulons.

Mais, le changement le plus radical, je l'ai connu en lisant un livre de métaphysique que mon amie Mirta m'avait prêté. Incroyable! Ce livre m'ouvrit réellement les yeux. Il parlait beaucoup de Jésus (sachez que je suis juive), mais je me sentais bien en le lisant. Plus encore, je ne voulais plus le déposer. J'aurais voulu le lire d'un trait. J'ai commencé à pratiquer les techniques que l'auteur enseignait dans son livre et j'ai constaté qu'elles fonctionnaient. Ceci venait à nouveau confirmer que le pouvoir de changer les choses était bien en moi et ne dépendait de rien ni de personne. Alors, j'ai pensé : « Voilà un grand concept, un très grand concept. » Et mon cœur commença à battre différemment. J'étais heureuse comme jamais je ne l'avais été auparavant. Je sentais en moi un bonheur qu'il est impossible de décrire avec des mots; il faut le vivre, le sentir et l'éprouver pour le savoir.

Après avoir essayé différentes méthodes, entre autres celle de la renaissance (*rebirthing*), je suis arrivée à la technique Ho'oponopono, cet art hawaïen très ancien qui nous apprend comment résoudre nos problèmes.

Grâce à cet enseignement, je découvris que LA VIE POUVAIT ÊTRE FACILE, beaucoup plus facile que ce que j'avais imaginé. Après avoir beaucoup cherché, j'avais enfin trouvé ma voie. Cette voie me permet aujourd'hui d'être en paix au milieu d'une tempête, de me sentir libre indépendamment de ce qui se passe autour de moi ou de ce que les autres font et disent. C'est pour cela que j'ai décidé de partager avec vous, par ce petit livre, ce que j'ai appris jusqu'à présent. Je suis infiniment reconnaissante d'en avoir aujourd'hui l'occasion.

Introduction

Un jour, mon maître, Ihaleakalá, me raconta la version hawaïenne de l'histoire de la création.

Quand Dieu créa la Terre et y déposa Adam et Ève, il leur dit que ceci était le paradis et qu'ils n'avaient à se soucier de rien, qu'il leur fournirait tout ce dont ils auraient besoin. Il leur dit aussi qu'il leur offrait un cadeau : la possibilité de choisir, de prendre leurs propres décisions. Il leur offrait le libre arbitre. Alors, il créa le pommier et ajouta : « Ceci s'appelle "penser". Vous, vous n'en avez pas besoin. Je peux tout vous fournir. Vous n'avez pas à vous soucier de quoi que ce soit. Cependant, vous pouvez choisir entre rester avec moi ou emprunter votre propre chemin. »

J'aimerais que vous compreniez que le problème ne fut pas d'avoir mangé la pomme, mais bien de ne pas en avoir assumé la responsabilité et de ne pas avoir dit : « Je suis désolé. » Et voilà comment Adam dut partir à la recherche de son premier travail.

Comme Adam, nous sommes toujours en train de mordre dans la pomme. Nous pensons toujours que nous en savons plus. Nous ne nous rendons pas compte qu'il y a une autre façon de faire, qu'il existe une voie plus facile.

Dans son livre *Le pouvoir du moment présent*, Eckhart Tolle écrit : « Les choses auxquelles il [l'ego] s'identifie le plus communément sont les biens matériels, le statut social, la reconnaissance sociale, les connaissances et l'éducation... Vous n'êtes rien de cela. Cela vous effraie-t-il? Ou vous sentez-vous soulagé de l'entendre? Tout cela, vous devrez y renoncer tôt ou tard... Vous connaîtrez vous-même la vérité par l'expérience. Au plus tard, vous la connaîtrez lorsque vous sentirez la mort approcher. La mort vous dépouille de tout ce qui n'est pas vous. Le secret de la vie, c'est de "mourir avant de mourir" et de découvrir que la mort n'existe pas. »

Plus loin, il ajoute : « Mais, la bonne nouvelle dans tout cela, c'est que vous pouvez effectivement vous libérer du mental. » Il fait allusion à la voix qui parle sans cesse dans notre tête : « La voix formule des commentaires, fait des hypothèses, émet des jugements, compare, se plaint, aime, n'aime pas, et ainsi de suite. Ce que cette voix énonce ne correspond pas automatiquement à la situation dans laquelle vous vous trouvez alors. Elle ravive peut-être un passé proche ou lointain ou bien elle imagine et rejoue d'éventuelles situations futures. »

La vie est une répétition de mémoires qui, telles des puces informatiques ou des cassettes, jouent jour et nuit dans notre tête. Elles nous manipulent et nous influencent sans que nous en ayons conscience. Nous ne pouvons éviter cela, mais nous pouvons choisir de faire cesser ces cassettes.

Dans le présent livre, j'utilise une terminologie et des concepts que je voudrais éclaircir avant d'aller plus loin. Plusieurs d'entre eux sont basés sur la méthode Ho'oponopono, un art hawaïen très ancien. Dans le dernier chapitre, je décris certaines techniques et des outils spécifiques de cette pratique. Ho'oponopono nous apprend comment effacer les cassettes dont nous parlions auparavant et comment éliminer les puces qui ne nous sont plus utiles ou qui ne cadrent plus dans notre vie. Ho'oponopono nous indique comment lever le voile. Ce n'est qu'en effaçant et en nettoyant les cassettes que nous pouvons découvrir qui nous sommes réellement et comprendre le pouvoir que nous possédons. En effaçant, en nettoyant et en remuant les vieilles mémoires, nous leur permettons d'être transmutées et nous commençons alors à expérimenter notre être véritable.

Ho'oponopono est un processus de pardon, de repentir et de transmutation. Chaque fois que nous utilisons un des outils de cette méthode, nous devenons responsables à cent pour cent et nous demandons pardon (à nous-mêmes). Nous apprenons que tout ce qui apparaît dans notre vie est seulement la projection de nos « programmes ». Nous pouvons alors choisir de lâcher prise et de les observer ou de réagir et de nous accrocher à eux.

Nous avons tous, en nous, un « effaceur » incorporé, une touche « supprimer », mais nous avons oublié comment l'utiliser. Ho'oponopono nous aide à nous souvenir que nous avons le pouvoir de choisir entre effacer (lâcher prise) et réagir, entre être heureux et souffrir. Ce n'est qu'une question de choix, à chaque instant de notre vie.

Lorsque je mentionne dans le livre les termes « nettoyer » ou « effacer », je fais référence aux techniques de la méthode Ho'oponopono pour effacer les mémoires et pensées qui créent nos problèmes.

De plus, à plusieurs reprises, je mentionne les enfants « indigo ». Ce sont des enfants nés dans différentes régions de la planète. Ils savent exactement qui ils sont et ont très clairement conscience de leur mission et de la raison de leur venue sur terre. Ils sont conscients de l'existence d'autres enfants comme eux et communiquent entre eux par télépathie. Ils ont des dons psychiques. Ils parlent du véritable amour. Ils nous apprennent que nous sommes amour.

J'aimerais également préciser que lorsque je mentionne le mot « Dieu », je ne le fais absolument pas dans un contexte religieux. Pour moi, Dieu est cette part en nous qui sait tout. En réalité, on ne peut le définir, il n'a pas de nom, il n'est qu'une expérience. Vous noterez également que j'emploie le mot « Dieu » en tant que synonyme du mot « Amour ». Je parle évidemment de l'amour inconditionnel, qui est capable de tout guérir, qui a toutes les réponses.

Lorsque je cite les paroles de Jésus, je ne le fais pas non plus dans un contexte religieux. Mon intention est de rappeler au lecteur que nous avons toujours profité de la présence de maîtres pour nous éveiller et nous faire voir la vérité. Par exemple, Jésus parlait de tendre l'autre joue, mais ceci est un concept que nous comprenons mal jusqu'à présent. Cependant, lorsque nous effaçons (lâchons prise) au lieu de réagir, nous tendons l'autre joue, la joue de l'amour. Lâcher prise au lieu de réagir, c'est tendre l'autre joue.

Ce résumé des concepts de base que j'utilise et que j'essaie de transmettre a pour but de clarifier mon point de vue. Mon souhait est que ce livre soit pour le lecteur une source de techniques, d'outils et de sagesse lui permettant de ressentir, de prendre des décisions et de vivre dans la liberté, la paix intérieure et l'amour, qui sont le patrimoine de tous les êtres humains.

« JE » SUIS LE « JE »

« Je » viens du vide vers la lumière.

« Je » suis le souffle qui nourrit la vie.

« Je » suis ce vide au-delà de toute conscience.

Le « Je », l'identité, l'absolu.

*« Je » dessine la courbe de mon arc-en-ciel
à travers les eaux.*

*Le « Je », le trait d'union entre l'esprit
et la matière.*

« Je » suis l'inspiration et l'expiration.

« Je » suis la brise invisible et intouchable.

« Je » suis l'atome indéfinissable de la création.

« Je » suis le « Je ».

Chapitre 1

QUI SUIS-JE?

« L'unique raison de notre existence est de découvrir qui nous sommes. »

– Dr Ihaleakalá Hew Len

Un professeur rendit visite à un maître zen et lui dit en arrivant : « Bonjour, je suis le Dr Smith. Je suis ceci... Je suis cela... Je fais telle et telle chose, et j'aimerais apprendre le bouddhisme. » Le maître répondit :

« Voulez-vous vous asseoir?

– Oui.

– Voulez-vous une tasse de thé?

– Oui. »

Alors, le maître versa le thé dans la tasse et continua à en verser alors que la tasse était pleine et commençait à déborder. Le Dr Smith s'exclama :

« La tasse est pleine, elle déborde! Le thé se répand.

– Exactement. Vous êtes venu avec votre tasse pleine à ras bord. Elle déborde déjà! Alors, comment puis-je vous transmettre quelque chose?

Vous êtes déjà noyé sous toutes vos connaissances. À moins que vous ne veniez l'esprit vide et ouvert, je ne peux rien vous transmettre! »

Durant la majeure partie de ma vie, je vécus en pensant que j'étais Mabel, argentine, juive, comptable, etc. Je me définissais en fonction de mes diplômes, de mes titres. Ma tasse était remplie de connaissances qui m'éloignaient de moi-même. Je ne croyais qu'en ce que je pouvais toucher ou voir. Pour moi, tous ceux qui parlaient d'ésotérisme étaient des idiots ou des bohémiens qui ne savaient pas ce qu'ils disaient et qui n'appartenaient pas à ce monde. Cette manière de penser me causa beaucoup de souffrances. Cependant, lorsque je découvris que j'étais bien plus qu'un simple corps physique, tout un nouveau monde aux possibilités infinies s'ouvrit à moi, un monde sans barrières. Lorsque je me rendis compte du pouvoir qu'avaient mes pensées, je compris le pourquoi et le comment de la vie.

Nous sommes nombreux à vivre avec ces barrières. Nous les sentons, mais nous ne les voyons pas, car elles sont invisibles. Elles sont nos croyances, nos jugements, nos opinions et, surtout, ce que nous pensons de nous-mêmes. À l'instant précis où nous décidons de prendre conscience de qui nous sommes, ces barrières s'ouvrent et nous nous rendons compte que nous sommes libres et que nous l'avons toujours été. Ainsi, réussissons-nous à nous échapper de la prison que nous avions nous-mêmes créée.

On nous a dit que nous étions des êtres humains, et nous l'avons cru. Si nous pensons que nous sommes des êtres sans défense et sans aucun pouvoir, c'est ce que nous serons dans notre vie. Nous sommes les rois de notre propre royaume et nous pouvons construire et manifester dans notre vie tout ce que nous voulons. Cela ne dépend que de nous.

Nous sommes tous les enfants de Dieu et nous avons été créés à son image. Nous sommes des créateurs. Comment créons-nous? Avec nos pensées. C'est aussi simple que cela.

Dans l'introduction de ce livre, j'ai parlé des enfants « indigo ». Plusieurs de leurs messages nous parviennent par l'intermédiaire de James Twyman qui communique avec eux le plus souvent par télépathie. Ces enfants nous parlent de la nécessité de faire le point (de nous rendre compte) et nous disent : « Nous nous rendons compte que nous sommes des êtres éclairés. Nous nous rendons compte que nous sommes aimés de Dieu. Nous nous rendons compte que nous sommes parfaits tels que nous sommes. Nous respirons profondément et nous aspirons à ce qui est vérité. Alors, seulement, tout aura un sens. Il faut savoir que nous aspirons, en réalité, à la vérité. Construisons notre vie en la basant sur cette vérité. Si nous aspirons à ce qui est vrai, la vérité est automatiquement attirée dans notre vie. »

Qui suis-je? C'est l'unique question que nous devons nous poser dans la vie. Découvrir notre véritable essence et notre identité est la raison de notre existence et devrait être notre unique préoccupation, notre seul but. Il est très important de découvrir qui nous sommes.

Grâce à la méthode Ho'oponopono, cet ancien art hawaïen que je pratique et enseigne aujourd'hui, j'ai appris que notre esprit est composé de trois parties : le supraconscient, le conscient et le subconscient. Ceci m'a aidée à comprendre un peu mieux comment nous fonctionnons.

- Le supraconscient est la partie spirituelle de notre être. C'est cette partie qui, quoi qu'il se passe, est toujours parfaite. C'est la partie qui sait et, surtout, qui connaît très clairement qui elle est à tout moment.

- Le conscient est la partie mentale, ce que nous appelons l'« intellect ». C'est un aspect de nous très important, car c'est lui qui détient la capacité de choisir puisque nous disposons du libre arbitre. Nous faisons des choix à chaque instant de notre vie. Que choisissons-nous? Nous choisissons de réagir et de nous accrocher au problème ou de lâcher prise et de laisser la partie en nous, qui sait ce qu'elle doit faire, le résoudre. Nous choisissons également d'accepter le fait que nous ne savons rien (et que nous n'avons pas besoin de savoir) ou de croire que nos connaissances sont meilleures que celles de Dieu et que nous pouvons tout résoudre seuls et par nous-mêmes. Le conscient est la partie qui décide si elle opte pour assumer la responsabilité à cent pour cent et dire : « Je suis désolé, pardonne-moi pour ce qui, en moi, a créé ceci » (Ho'oponopono) ou si elle décide de montrer du doigt et d'accuser quelqu'un d'autre. L'intellect n'a pas été créé pour savoir. Nous n'avons pas besoin de savoir quoi que ce soit. L'intellect est un cadeau, le cadeau que nous avons de pouvoir choisir.

- Le subconscient est notre partie émotionnelle. C'est l'enfant intérieur. C'est la partie qui grave tous les souvenirs dans la mémoire. Cette partie extrêmement importante de nous-mêmes est négligée en permanence. Et pourtant, elle est responsable de ce que nous manifestons dans notre vie. C'est la partie qui anime notre corps, qui fait que nous respirons automatiquement sans avoir à penser respirer. C'est notre côté intuitif. N'avez-vous jamais remarqué que nous nous sentons parfois nerveux sans savoir pourquoi? Le subconscient nous avertit (si nous y prêtons attention) dès qu'il détecte quelque chose de négatif sur le point d'arriver. Si nous étions plus en communication avec lui, nous pourrions éviter de nombreux événements désagréables. Cette partie est le meilleur partenaire que nous puissions avoir. Il est très important que nous communiquions avec elle. Nous devons apprendre à l'aimer et à prendre bien soin d'elle. Une fois que nous avons décidé fermement de poursuivre dans cette voie et d'assumer toute la responsabilité, notre enfant intérieur fait automatiquement le nettoyage (Ho'oponopono) pour nous, sans que nous ayons à y penser. Dans les cours sur la méthode Ho'oponopono, nous travaillons beaucoup avec cet enfant intérieur. Nous apprenons à communiquer avec lui, à prendre soin de lui et, surtout, à travailler avec lui pour lâcher prise.

Dans le livre *Les enseignements de Bouddha*, il est écrit : « Même si un homme conquiert des milliers de soldats sur un champ de bataille, seul celui qui se conquiert lui-même gagnera son combat. »

Un jour, j'ai lu une histoire.

Il était une fois, en un lieu qui pourrait être n'importe où et en un temps qui pourrait être n'importe quand, un très beau jardin peuplé de pommiers, d'orangers, de poiriers et de beaux rosiers, tous heureux et satisfaits. La joie régnait dans le jardin, à l'exception d'un arbre profondément triste. Le pauvre avait un problème : il ne savait pas qui il était!

« Ce qui te manque, c'est la concentration, lui dit le pommier. Si tu essaies vraiment, tu pourras avoir des pommes très savoureuses. Regarde comme c'est facile.

– Ne l'écoute pas, le pria le rosier. Il est plus facile d'avoir des roses. Regarde comme elles sont belles! »

Et l'arbre, désespéré, essaya tout ce qu'on lui suggérait. Étant donné qu'il ne réussissait pas à être comme les autres, il se sentit de plus en plus frustré. Puis, un jour, arriva au jardin le plus sage des oiseaux : le hibou. Voyant le désespoir de l'arbre, il s'exclama : « Ne t'inquiète pas. Ton problème n'est pas si sérieux.

Il est le même que celui de très nombreux êtres sur cette terre! Je vais te donner la solution : ne consacre pas ta vie à être ce que les autres veulent que tu sois. Sois toi-même. Connais-toi et, pour y parvenir, écoute ta voix intérieure. » Et, sur ces paroles, le hibou disparut.

« Ma voix intérieure? Être moi-même? Me connaître? » s'interrogeait l'arbre désespéré, quand soudain il comprit. Se bouchant les oreilles, il ouvrit son cœur et finit par entendre sa voix intérieure lui dire : « Jamais tu ne donneras de pommes, car tu n'es pas un pommier, ni ne fleuriras chaque printemps, car tu n'es pas un rosier. Tu es un chêne et ton destin est de croître pour devenir grand et majestueux. Tu es ici pour offrir un abri aux oiseaux, de l'ombre aux voyageurs, de la beauté au paysage! Tu as une mission! Accomplis-la! »

Dès lors, l'arbre se sentit fort et sûr de lui. Il était maintenant prêt à être ce à quoi il était destiné. Ainsi, en peu de temps, il prit sa place et fut admiré et respecté de tous. Alors, à cet instant, seulement, le jardin fut vraiment heureux.

En regardant autour de moi, je me demande combien de chênes ne se permettent pas de croître. Combien de rosiers, par peur du défi, ne donnent que des épines?

Combien d'orangers ne savent pas fleurir? Dans la vie, nous avons tous un destin à accomplir, une place à prendre. Ne laissons rien ni personne nous empêcher de connaître et de partager la merveilleuse essence de notre être.

Chapitre 2

QU'EST-CE QU'UN PROBLÈME?

« Un problème n'est un problème qu'à partir du moment où nous le définissons ainsi, et le problème n'est pas le problème. La façon dont nous réagissons à ce problème est le problème. »

– Dr Ihaleakalá Hew Len

Il y a un proverbe zen qui dit : « Peut-être ne pouvons-nous pas empêcher les oiseaux de voler autour de nos têtes, mais nous pouvons éviter qu'ils fassent leur nid dans nos cheveux. »

Il ne s'agit pas d'ignorer les problèmes ou de ne pas succomber à la tentation de leur prêter attention. Il s'agit de découvrir qui nous sommes et, en le faisant, nous développons et ressentons une telle liberté intérieure que ces choses-là ne peuvent plus nous distraire.

Notre subconscient conserve tous nos souvenirs en mémoire. Tant que ces souvenirs dorment, bien installés dans la banque de notre mémoire, ils ne nous causent aucun inconvénient. Puis, des personnes apparaissent dans nos vies, nous visitons certains lieux ou nous vivons des situations, et voilà que ces souvenirs se réveillent. Alors, les mémoires se transforment en pensées et se manifestent. Il est donc très important de savoir que, en réalité, les personnes apparaissent dans nos vies pour nous donner une autre chance. Quelle est cette possibilité? Celle de nous responsabiliser à cent pour cent et de dire : « Je suis désolé. Pardonne-moi pour ce qui, en moi, a créé ceci. » (Ho'oponopono)

Avez-vous remarqué que chaque fois qu'un problème surgit, quelque chose est toujours présent? Si ce « quelque chose » n'était pas en nous, nous ne serions pas en mesure de le percevoir. Les problèmes sont simplement la répétition de nos mémoires. Ils sont comme une information qui serait enregistrée sur une cassette audio et lorsque cette cassette se met à jouer, nous pensons que c'est réel. Les problèmes se répètent, car, lorsqu'ils apparaissent, nous réagissons et nous nous attachons à eux. Nous n'arrêtons plus de penser à ce « quelque chose » et, ainsi, nous restons bloqués sur lui au lieu de lâcher prise.

Avez-vous noté que nous pensons de manière obsessionnelle quand apparaît un problème? Et, une fois que ce cercle vicieux se met en route, nous oublions que nous avons le pouvoir d'arrêter l'enregistrement.

Dans son livre *Le pouvoir du moment présent*, Eckhart Tolle écrit : « Le mental ne peut en aucun cas trouver la solution, pas plus qu'il ne peut se permettre de vous laisser la trouver, car il fait lui-même partie intrinsèque du "problème". »

Très souvent, l'enregistrement fonctionne, mais le volume est si faible que nous n'en sommes même pas conscients. Toutefois, le subconscient est en permanence en train de rejouer les enregistrements. C'est pourquoi il est si essentiel d'assumer à cent pour cent la responsabilité. Ce n'est que de cette manière que nous comprendrons que nous sommes simplement nous, nos enregistrements, nos pensées et nos programmes.

Prenons l'exemple d'une diapositive projetée sur un mur ou un écran. Nous savons parfaitement que, même si nous voyons l'image projetée sur le mur ou l'écran, elle-même (la diapositive) n'est pas sur ce mur ou cet écran, mais à l'intérieur de la machine. Il se produit la même chose avec nos problèmes. Lorsque ces derniers apparaissent, ils ne sont qu'une projection de ce qui se passe en nous et non en dehors de nous. Pourtant, nous passons notre vie à essayer de changer l'écran. Là n'est pas le problème. Nous cherchons la solution au mauvais endroit.

Il est très important de nous rappeler que les problèmes, les situations et les personnes tels que nous les percevons n'ont aucune existence en dehors de nous, mais que notre perception est tout simplement un reflet de nos pensées. Les problèmes, non plus, ne sont pas ce que nous pensons qu'ils sont. Nous ne savons jamais ce qui est réellement en train de se passer. Les problèmes sont toujours des occasions opportunes. Nous devons nous rendre compte que nous avons une influence sur l'événement ou le problème et que nous l'avons nous-mêmes créé. C'est en fait une bonne nouvelle, car, l'ayant nous-mêmes créé, nous pouvons nous-mêmes le changer sans avoir à dépendre de rien ni de personne. Voici une histoire éloquente.

Dans un village vivait un vieil homme très pauvre, mais que tous, jusqu'aux rois, enviaient, car il possédait un magnifique cheval blanc. Les rois lui offrirent des sommes fabuleuses pour son cheval, mais l'homme leur dit : « Pour moi, ce n'est pas un cheval, c'est une personne. Et comment puis-je vendre une personne, un ami? »

C'était un homme pauvre, mais jamais il ne vendit son cheval. Un matin, il découvrit que le cheval n'était plus dans l'écurie. Tous les gens du village se réunirent disant :

« Vieux fou. Nous savions qu'un jour on te volerait ton cheval. Il aurait été préférable que tu le vendes. Quel malheur!

– N'allons pas si loin, dit le vieil homme. Disons simplement que le cheval n'est pas dans l'écurie. C'est un fait. Tout le reste n'est que votre jugement. Si c'est un malheur ou une chance, je ne le sais pas, car ceci est à peine une bribe de l'histoire. Qui sait ce qui va arriver demain? »

Les gens se moquèrent de lui. Ils avaient toujours pensé que le vieil homme était un peu fou. Mais, au bout de quinze jours, une nuit, le cheval fut de retour. Il n'avait pas été volé, mais il s'était échappé. Non seulement cela, mais il ramena avec lui une douzaine de chevaux sauvages. De nouveau, les gens se réunirent disant :

« Tu avais raison, le vieux. Ce n'était pas un malheur, mais une véritable chance.

– De nouveau, vous allez trop loin, dit le vieil homme. Dites seulement que le cheval est revenu. Qui sait si c'est une chance ou non? Ce n'est qu'une bribe. Vous êtes à peine en train de lire une phrase de l'énoncé. Comment pouvez-vous juger de l'ensemble du livre? »

Cette fois, ils ne purent rien dire de plus, mais ils savaient en leur for intérieur qu'il se trompait. Douze magnifiques chevaux étaient arrivés. Le vieil homme avait un fils qui commença à dresser les bêtes. Une semaine plus tard, il tomba du cheval et se cassa les deux jambes. De nouveau, les gens se réunirent et jugèrent :

« Encore une fois, tu avais raison, le vieux, dirent-ils. C'était une malchance. Ton fils unique a perdu l'usage de ses jambes et, à ton âge, il était ton seul soutien. Maintenant, tu es plus pauvre que jamais.

– Vous êtes obsédés par le jugement, dit le vieil homme. N'allez pas si loin. Dites seulement que mon fils s'est cassé les deux jambes. Personne ne sait si c'est un malheur ou une chance. La vie vient par bribes et on ne nous donne jamais plus que cela. »

Il se trouve que, quelques semaines plus tard, le pays entrait en guerre et tous les jeunes du village étaient mobilisés, excepté le fils du vieil homme qui était blessé. Tout le village pleurait et se plaignait, car c'était une guerre perdue d'avance et tous savaient que la majorité des jeunes ne reviendrait pas.

« Tu avais raison, le vieux. C'était une chance. Bien qu'estropié, ton fils est toujours avec toi. Les nôtres s'en sont allés pour toujours.

– Vous continuez à juger, dit le vieil homme. Personne ne sait. Dites seulement que vos fils ont été obligés de joindre l'armée et que mon fils n'y a pas été forcé. Dieu seul sait si ce qui arrive est un malheur ou une chance. »

Dès que nous formulons une opinion ou un jugement, nous nous enlisons; nous nous asservissons. Dans le livre *Les enseignements de Bouddha*, il est dit : « Celui qui est influencé par ses goûts ne peut comprendre le sens des événements et a tendance à se désespérer par rapport à eux. Celui qui est détaché comprend parfaitement les événements et, pour lui, toute chose est nouvelle et significative. » Plus loin, il est écrit : « Le bonheur fait suite à la tristesse. La tristesse fait suite au bonheur, mais quand on ne fait plus de distinction entre le bonheur et la tristesse, le bon et le mauvais, on est capable de se libérer. »

Rien n'est réellement ce qu'il semble être. L'intellect ne peut pas savoir. Sa connaissance est limitée. Toutefois, il y a une part en nous qui sait. La différence entre la connaissance intellectuelle et cette sagesse innée que nous avons en nous est similaire à celle qui existe entre monter sur une chaise, regarder tout autour et penser que nous embrassons tout du regard, et monter au sommet d'une montagne et voir le panorama complet. Nous préférons parler à nos psychologues ou à nos voisins au lieu de parler à Dieu. Nous avons un accès permanent à tout ce savoir, à toute cette sagesse qui est en nous, mais nous préférons monter sur la chaise et donner notre avis, émettre des jugements et exprimer nos points de vue parce que c'est ce que nous avons appris à faire. Nous sommes dépendants de cette manière d'agir.

Cependant, nous pouvons toujours choisir quoi faire et comment réagir lorsque apparaît une situation que nous considérons comme problématique. L'histoire suivante illustre magnifiquement ce concept.

Un jour, l'âne d'un paysan tomba au fond d'un puits. L'animal resta ainsi à se lamenter durant des heures alors que le paysan essayait de trouver un moyen pour le sortir de là. Finalement, le paysan décida que l'animal était vieux et que, de toute façon, le puits avait besoin d'être rebouché. Ça ne valait pas la peine de récupérer l'âne. Alors, le paysan invita ses voisins à venir l'aider. Tous prirent une pelle et commencèrent à jeter de la terre dans le puits.

Au début, quand l'âne se rendit compte de ce qui était en train de se passer, il gémit horriblement, mais au bout d'un moment, à la surprise générale, il se calma. Après plusieurs pelletées de terre, le paysan se décida finalement à regarder à l'intérieur du puits et ce qu'il vit le laissa pantois. À chacune des pelletées de terre qui tombait sur son dos, l'âne faisait quelque chose de surprenant. Il secouait son dos, la terre tombait, s'entassait sous ses pattes et, de cette façon, à chacune des pelletées, l'âne faisait un pas vers le haut. À mesure que les voisins du paysan continuaient à jeter de la terre sur l'animal, celui-ci se secouait et montait plus haut. Très rapidement, l'âne arriva au bord du puits et sortit en trottant.

La vie lance sur nous toutes sortes de terres. La solution pour sortir du puits est de nous secouer et de faire un pas vers le haut. Chacun de nos problèmes est comme une marche vers la liberté. Il ne dépend que de nous de nous en servir comme telle!

Chapitre 3

LA FOI

*« Notre véritable pouvoir est le bonheur,
et celui-ci ne nous arrive que lorsque nous
avons épuisé tout le reste. »*

– Dan Millman, *Le guerrier pacifique*

Durant la majeure partie de ma vie, je n'ai pas cru en Dieu. Pour moi, Dieu n'existait pas. J'ai grandi en pensant que c'était moi seule qui avais remporté tout ce que j'avais dans la vie et que tout ce que je possédais, je le devais à mon travail, à mon dévouement et à mes efforts personnels. Les juifs sont très traditionalistes, et moi, en tant que bonne juive, je respectais les traditions, mais je ne croyais pas en Dieu.

Lorsque, enfin, je m'éveillais, je découvris en moi un monde nouveau que j'ignorais complètement. Peu de temps après, je dis un jour à mon fils aîné : « Jonathan, la vie peut être facile. » Il me regarda totalement déconcerté et déclara : « Ce n'est pas ce que tu me disais avant. » Ce à quoi je répondis : « Je le sais. Mais, maintenant, je pense différemment. »

En ce moment, je n'ai pas le moindre doute en moi, mais cette sécurité, que l'on peut exprimer par des mots, je l'ai trouvée dans mon cœur. Nous pouvons tous la trouver, car nous la portons en nous. En tant que bonne comptable, je regarde les résultats, j'observe et fais le bilan de ma vie depuis que j'ai commencé à grandir. Même moi, je n'arrive pas à croire que j'ai obtenu tout cela.

Certains rencontrent Dieu au temple ou à l'église. D'autres, comme moi, ne le rencontrent pas là. Un jour, nous nous éveillons, nous commençons à chercher et nous nous rendons compte qu'il n'est même pas nécessaire de nous lever du lit pour le rencontrer. Peu importe la dénomination, peu importe comment nous l'appelons, il (elle) est toujours avec nous. Où que nous allions, il nous accompagne. Nous ne savons ni n'avons la moindre idée de la manière dont Dieu (Amour) travaille. Et nous ne savons pas non plus ce qu'il peut faire. Nous ne pouvons même pas l'imaginer.

Les soi-disant miracles existent vraiment et nous pouvons en faire l'expérience à chaque instant de notre vie si nous arrêtons d'essayer de tout comprendre par le raisonnement, si nous renonçons à nos jugements et à nos opinions et si nous apprenons à nous laisser porter par le courant de la vie. Nous devons prendre conscience que nous sommes nous-mêmes l'obstacle le plus important dans nos vies!

Nous disons que nous faisons confiance, mais nous ne le faisons pas vraiment. Nous disons que nous remettons nos problèmes entre les mains de Dieu (Amour), mais nous continuons à nous cramponner à eux. Quand nous n'arrêtons pas de penser à un sujet, nous angoissant et nous inquiétant, nous indiquons à Dieu (Amour) que nous voulons le résoudre seuls, car nous n'avons pas confiance en lui. De ce fait, nous ne recevons pas de réponses à nos prières puisque nous avons des « attentes ».

Nous croyons que nous sommes les détenteurs de la vérité et lorsque nous demandons quelque chose à Dieu, nous le faisons de manière quasi impérative. Nous expliquons ce que nous souhaitons, comment, de quelle couleur et à quelle heure nous le voulons. Cependant, Dieu sait avant même que nous le lui demandions. Il est si proche que nous n'avons pas besoin de crier. Il suffit de penser.

Dieu nous réserve beaucoup plus que nous l'imaginons. Il n'attend que notre permission pour nous le livrer. Si nous demandons des choses spécifiques comme « oh, mon Dieu, s'il vous plaît, que me parvienne l'argent pour pouvoir voyager en Europe », nous posons des limites à notre sollicitation. Dieu nous octroie ce qui est juste à chaque instant. Dans le cas de l'exemple, il se pourrait que ce qui soit juste ne soit pas d'aller en Europe, mais en Amérique du Sud, mais à être si entêtés à vouloir aller en Europe, l'argent ne vient pas puisque ce que nous demandons n'est pas ce qui est juste. En nous fermant de cette façon, nous n'avons plus la possibilité de recevoir ce qui est juste et parfait à un moment donné.

Parfois, Dieu dit non, comme le fait un bon parent quand son enfant ne peut mesurer ou se rendre compte du danger ou des conséquences de ce qu'il demande. Pour cette raison, le secret est de demander ce qui est juste et parfait; et nous, nous ne savons pas ce que c'est. Ensuite, il faut lâcher prise et abandonner toute attente. Au moment précis nous arrivera ce qui est le plus approprié et parfait. Nous ne savons jamais d'où cela va venir. Pour recevoir la surprise, nous devons donner la permission.

Dieu (Amour) travaille de façon mystérieuse. Si nous le permettons, si nous croyons et avons confiance de tout cœur, tout nous arrivera sans effort. Dieu est le seul qui puisse ouvrir certaines portes et nous rapprocher des personnes susceptibles de pouvoir nous aider et nous épauler au cours de notre chemin. Il nous place dans le lieu juste au moment parfait, dès que nous arrêtons de tant parler et de toujours demander au voisin au lieu de nous adresser directement à lui. Le seul fait de penser à Dieu nous élève au-dessus de nos problèmes. Être reconnaissants pour ce que nous avons déjà change aussi automatiquement notre vibration. Et il y a toujours une raison de l'être.

Les enfants « indigo » affirment : « Si vous imaginez et croyez que quelque chose va arriver, cela arrive. Si vous l'imaginez, mais n'y croyez pas, c'est plus difficile. » Il s'agit d'avoir la foi et non pas d'« espérer » ou de « souhaiter » que quelque chose se passe. Avoir la foi, c'est être ouvert à toutes les possibilités. Cela signifie que nous sommes prêts à laisser la vie nous surprendre, que nous osons entrer dans l'inconnu et arrêter d'avoir peur de ce qui nous semble incertain.

Celui qui a la foi a le cœur toujours ouvert. Très souvent, nous stagnons et retournons au même endroit par manque de foi et peur de l'inconnu. Cela vaut la peine d'apprendre d'une graine qui, en dépit de ne pouvoir s'imaginer en orchidée, a la vaillance de s'ouvrir, de se fendre et de s'en remettre au processus de croissance pour jaillir de la surface de la Terre et sortir à la lumière. Un cœur empli de douleur ne peut imaginer ce que l'on ressent à être aimé ou à être en paix. Et il en est ainsi pour tout.

Très souvent, nous devons rompre avec les vieux schémas, les vieilles façons de penser et les vieilles croyances. Ceci implique d'avoir à passer par un tunnel obscur et parfois d'avoir à sentir la douleur, mais c'est la seule façon de s'en sortir et de voir la lumière. Jésus a dit que nous devons être comme des enfants pour pouvoir entrer au royaume des cieux. Le royaume des cieux, c'est ici et maintenant. Pouvoir le connaître ne dépend que de nous. Nous devons seulement arrêter de penser en permanence et arrêter de croire que nous détenons la vérité absolue et avons toujours raison. Très souvent, toutes ces pensées, ces informations et cette éducation nous éloignent de ce que nous sommes vraiment. L'innocence n'est autre que la sagesse. Dieu nous offre. C'est clair qu'il faut être vaillant pour prendre ce chemin, mais la victoire est assurée à cent pour cent. Il faut se décider à croire, à essayer, à avoir confiance et à lâcher prise.

Lorsque nous commençons à avoir confiance et à avoir la foi, quelque chose en nous se transforme et la pensée se clarifie. Nous voyons tout différemment. Nous essayons d'expliquer cette transformation avec des mots, mais ce n'est pas possible. Il n'y a pas de mots pour la définir. Nous savons tout simplement que nous avons trouvé la sagesse du cœur.

Maintenant, j'aimerais parler de la foi la plus importante : la foi en nous-mêmes. Ce n'est pas impératif de croire en quoi que ce soit en dehors de nous. Ce n'est pas nécessaire de croire en Dieu, Jésus, Bouddha ou Moïse, à moins que cela nous fasse du bien. Ce dont, oui, nous avons besoin, c'est de croire en nous-mêmes et au pouvoir qui est en nous. Pour y accéder, nous devons renoncer à de nombreux jugements, croyances et opinions sur nous-mêmes, pour nous aimer et nous accepter tels que nous sommes. Je sais que ceci n'est pas quelque chose de facile. Nous ne savons même pas consciemment quelles croyances nous touchent, mais, grâce au processus que j'enseigne dans ce livre, il n'est pas nécessaire de les connaître sinon de donner la permission pour qu'elles s'en aillent.

Quand on croit en soi-même et que l'on s'aime inconditionnellement, on devient invincible. Les gens perçoivent cette qualité. Ce n'est pas nécessaire de parler ou de dire quoi que ce soit. Quand on a confiance en soi, certaines personnes commencent à s'éloigner tandis que d'autres se rapprochent, apportant les occasions opportunes que l'on souhaitait tant.

Le secret est de s'accepter tel que l'on est et d'arrêter de croire que l'on n'est pas bon, que l'on n'est pas suffisamment intelligent, capable ou digne, ou que l'on doit d'abord obtenir un diplôme universitaire. Nous sommes les seuls à pouvoir changer ce que nous pensons de nous-mêmes. Le plus important est, en premier lieu, d'arrêter d'être la personne que les autres veulent que l'on soit. Il faut nous réveiller et comprendre que le pouvoir est en nous et non dans l'approbation des autres. Quand quelqu'un a foi en lui-même, ses talents cachés commencent automatiquement à se développer et il commence à se sentir heureux.

La foi a à voir avec la capacité d'aimer et de profiter de la vie. Notre vie se déroule dans notre propre esprit. La guerre est dans notre tête et nous sommes les seuls à pouvoir ramener la paix en nous. Il faut nous souvenir que, dans un sens, nous avons toujours raison. Si nous disons que nous pouvons, nous pouvons. Si nous disons que nous ne pouvons pas, c'est ainsi, nous ne pouvons pas. Nous sommes ici pour vivre, profiter de la vie et être heureux. La foi en nous-mêmes nous donne la liberté d'être authentiques, et cela, à son tour, engendre ce bonheur que nous souhaitons si ardemment.

Chapitre 4

L'ARGENT

« Malheureusement, une fois que nous avons obtenu les choses matérielles, nous nous rendons compte que le vide est toujours là, qu'il n'a pas de fond. »

– Eckhart Tolle, *Le pouvoir du moment présent*

Lorsque je me séparai de mon mari après vingt ans de mariage, je partis avec ce que je portais sur moi. Je n'emmenai même pas mes enfants. Leur père avait choisi de rester avec eux.

J'avais la certitude que je pouvais m'en sortir seule et je me sentais reconnaissante et heureuse d'avoir la possibilité de recommencer. D'autre part, à ce stade de ma vie, j'avais appris que le bonheur n'était pas dans le matériel et que je n'avais pas besoin de possessions. Au contraire, moins j'en avais, plus j'étais libre.

Une amie suggéra que nous allions vivre ensemble afin de pouvoir trouver un endroit plus joli et plus spacieux. Cela me semblait être une bonne idée et ce fut ainsi que nous avons trouvé une très belle maison. Je n'aurais jamais imaginé que nous puissions remplir les conditions nécessaires pour la louer, mais comme nous garantissions deux revenus, nous avons été acceptées.

Deux jours avant la signature du bail, mon amie me téléphona, me disant qu'elle avait changé d'avis et qu'elle partait vivre en Arizona. J'appelai immédiatement l'agente immobilière pour lui demander de mettre le contrat à mon nom, lui expliquant que j'allais être la personne responsable. Elle ne vit aucun inconvénient à faire cela puisqu'elle me connaissait déjà.

Peu après avoir signé le bail d'un an et avoir emménagé dans la maison, je commençai à recevoir du travail de toutes parts. Je me rendis rapidement compte que j'allais pouvoir payer le loyer sans problème et que je n'avais pas besoin de partager ma maison avec quelqu'un d'autre.

Huit mois après avoir emménagé, le propriétaire de la maison me téléphona et me dit qu'il souhaitait vendre la propriété. Il m'expliqua que, sachant que j'aimais tant la maison, il me donnait la priorité, mais que si je n'étais pas intéressée, en septembre, j'allais devoir m'en aller.

Bien sûr que je souhaitais acheter la propriété et y rester, mais avec quoi? Je n'avais pas d'argent pour le versement initial et, comme je suis comptable, je savais fort bien que je ne remplissais pas les conditions requises pour l'obtention d'un prêt. Mon intellect me disait de commencer à remplir les cartons, mais quelque chose en moi me disait que ce n'était pas la meilleure solution. À ce moment-là, je me suis dit : « Si Dieu pense que cet endroit est pour moi, il me trouvera le prêt parce que moi, je ne sais pas comment faire. » Je savais que je devais me mettre en retrait et donner ma permission pour que Dieu agisse. Le mieux était de me détacher, d'avoir confiance et de remettre l'affaire entre les mains de l'Univers.

Les deux personnes qui m'avaient dit pouvoir m'aider à obtenir le prêt se désistèrent. Le bail expirait et je n'avais pas obtenu le prêt. Je devais donc appeler le propriétaire pour lui expliquer ce qui en était. Je décidai que, au lieu de me préoccuper de ce que j'allais lui dire et de comment faire pour le convaincre, je m'en remettais à la situation avec confiance et foi. C'est ainsi que je lui téléphonai, lui expliquai la situation et, à ma grande surprise, il répondit : « Bon, Mabel, en réalité, ce n'est pas le bon moment pour mettre la propriété en vente. Je vais prolonger ton contrat. Écris une prolongation, envoie-la-moi par télécopieur et je te la signerai. »

Finalement, je n'eus même pas à appeler celui qui allait me permettre d'avoir ce prêt. Ce dernier me téléphona pour me proposer son aide et, avant que la prolongation n'expire, il m'accordait le prêt. George, merci!

Lorsque nous cessons de nous attacher au résultat et de nous inquiéter au sujet des situations, lorsque nous abandonnons le besoin de donner notre avis et d'émettre des jugements, lorsque nous prenons conscience que nous ne savons rien. Et, lorsque, enfin, nous nous livrons et acceptons le processus de la vie, alors, seulement, pouvons-nous faire l'expérience du flux de la vie. À ce moment-là, tout arrivera et les choses nous parviendront de la manière la plus facile. Dieu nous a mis sur terre avec tout ce dont nous avons besoin. Si nous regardons autour de nous, nous remarquons que tout ce qui est créé par Dieu est infini et abondant. Seules les créations humaines sont comptées et limitées. Les oiseaux volent sans se soucier de savoir s'ils trouveront de quoi se nourrir, juste là, près de l'endroit où ils se trouvent.

Manifester ce que nous désirons requiert FOI et CONFIANCE. L'Univers a seulement besoin que nous fassions ce premier pas. Si nous avons confiance et donnons notre permission, tout ce dont nous avons besoin vient à nous facilement. Ce qui est important, c'est de savoir dans notre cœur (et non pas dans notre tête) que Dieu y pourvoira et d'avoir confiance à cent pour cent. Lorsque nous pensons que nous ne recevons pas de réponses à nos prières ou lorsque nous ne voyons pas les résultats, ce n'est pas parce que nous ne sommes pas écoutés. Très souvent, nous pensons à Dieu comme s'il était notre serviteur, et nous exigeons ce que nous avons demandé, en expliquant comment nous le voulons, de quelle couleur et à quelle heure. Ce n'est pas ainsi que fonctionne l'Univers. Nous devons demander sans avoir d'attentes, solliciter ce que nous pensons être juste pour nous et nous en détacher. Dieu nous donne ce qui est juste et parfait à chaque instant. Le secret est d'avoir CONFIANCE et de lâcher prise, de nous laisser porter par le courant de la vie et d'être ouverts à recevoir des endroits et des personnes que nous attendions le moins.

Ne doutons jamais que Dieu (Amour) pourvoira à nos besoins au moment parfait. Il le fait toujours. Notre problème est que nous avons des attentes. Nous voulons les choses à l'avance et nous sommes très impatients et inflexibles. Nous ne nous rendons pas compte que tout provient d'une seule et même SOURCE qui sait exactement ce dont nous avons besoin, quand et comment nous en avons besoin. Nous pensons que nous créons nous-mêmes les occasions favorables grâce à notre travail, à nos conjoints ou à nos investissements, mais tous ceux-ci ne sont que les différents chemins et routes par lesquels les choses se manifestent. Si une porte se ferme, c'est parce qu'une autre est sur le point de s'ouvrir automatiquement.

La pire des choses à faire quand un problème apparaît, c'est de nous inquiéter. En faisant cela, nous nous « coinçons », nous nous piégeons nous-mêmes et nous finissons par attirer plus encore tout ce que précisément nous ne voulons pas. Nous sommes comme des aimants : dis-moi ce que tu penses et je te dirai qui tu es. Il est d'une importance vitale de vivre dans le PRÉSENT. Nous passons notre existence à vivre dans le passé avec nos souvenirs et nos expériences ou dans le futur avec nos inquiétudes. L'argent, comme tout le reste, arrive quand nous en avons besoin, ni avant ni après. Nous devons seulement ouvrir nos cœurs et faire CONFIANCE.

Quelqu'un, un jour, m'a raconté une histoire.

Une femme sortit de chez elle et vit trois vieux messieurs à la longue barbe assis devant son jardin. Comme elle ne les connaissait pas, elle leur dit : « Je ne crois pas vous connaître, mais peut-être avez-vous faim. Je vous en prie, entrez manger quelque chose. » Ils lui demandèrent :

« L'homme de la maison est-il là?

– Non, répondit-elle, il n'est pas là.

– Alors, nous ne pouvons pas entrer, dirent-ils. »

À la tombée de la nuit, lorsque son mari rentra, la femme lui raconta ce qui s'était passé et il dit : « Dis-leur que je suis arrivé et invite-les à entrer. » La femme sortit inviter les hommes à entrer dans sa maison.

« Nous ne pouvons pas entrer tous les trois ensemble, expliquèrent les anciens.

– Pourquoi? voulait-elle savoir. »

À ce moment-là, l'un des hommes pointa son doigt vers les deux autres et dit : « Lui s'appelle Richesse et lui, Succès. Mon nom est Amour. Rentre et décide avec ton mari lequel des trois vous aimeriez inviter. »

La femme rentra chez elle et répéta l'histoire à son mari. L'homme se mit à rayonner de joie. « Fantastique! Puisque c'est le cas, invitons Richesse. Laissons-le rentrer et emplir notre foyer d'abondance. » La femme n'était pas d'accord. « Chéri, pourquoi ne pas inviter Succès? » Leur fille, qui entendait la conversation de l'autre bout de la maison, arriva en courant avec une idée :

« Ne serait-il pas mieux d'inviter Amour? Notre maison serait alors remplie d'amour.

– Écoutons notre fille, dit l'homme à sa femme. Va inviter Amour à être notre hôte. »

La femme sortit et demanda aux anciens : « Lequel de vous est Amour? Nous souhaitons qu'il soit notre invité. » Amour se leva et commença à marcher vers la maison. Les deux autres se levèrent et le suivirent. Surprise, la femme leur demanda : « J'ai seulement invité Amour. Pourquoi venez-vous aussi? » Ils répondirent à l'unisson : « Si tu avais invité Richesse ou Succès, les deux autres seraient restés dehors. Mais tu as invité Amour, et où qu'aille Amour, nous y allons avec lui. »

Où il y a de l'amour, il y a de la richesse et du succès. L'argent n'est pas mauvais; par contre, ce qui est mauvais, c'est de lui donner la priorité. Lorsque nous faisons les choses pour de l'argent, tout semble difficile. Il va et vient rapidement et nous échappe des mains. Nous devons trouver ce que nous aimons faire, quelque chose qui nous donne joie et satisfaction et que nous serions disposés à faire même si l'on ne nous payait pas. Nous sommes tous venus au monde avec certains talents et des dons naturels uniques. Il y a quelque chose que nous pouvons faire mieux que quiconque.

C'est quelque chose qui est en nous et qui ne vient pas nécessairement d'un diplôme universitaire. L'abondance et la prospérité sont en lien avec notre conscience. Lorsque nous savons qui nous sommes, nous savons que nous avons déjà tout ce dont nous avons besoin. À cet instant, nous sommes déjà riches. En ouvrant nos cœurs et en faisant confiance, nous donnons la permission que tout peut se manifester dans nos vies.

Chapitre 5

LA PEUR

« Ayez connaissance de la vérité et elle vous libérera. »

– Jésus

Sur le chemin de quête spirituelle que je décidai de parcourir, j'eus à affronter nombre de mes peurs. J'ai ressenti de la peur en laissant mon conjoint après plus de vingt ans de mariage, en quittant mes enfants, en recommençant une carrière, en signant un contrat de location où j'assumais seule toute la responsabilité, sans aucun soutien financier. Cependant, la foi et la confiance que j'avais en moi me permirent d'agir en dépit de ma peur.

Une voix intérieure me disait que je pouvais le faire. Mais cette sécurité n'est pas venue toute seule; je l'ai acquise en travaillant sur moi-même – en lisant des livres, en participant à des séminaires, en me décidant à affronter et à accepter les choses que je devais changer. J'ai beaucoup appris lors des séances de renaissance (*rebirthing*) et de temascal, une hutte de sudation (*sweat lodge*).

À l'intérieur d'un temascal, c'est totalement obscur, et il fait très, très chaud. La chaleur est si intense qu'on a mal à la poitrine en respirant et certains pensent même qu'ils vont en mourir. L'Amérindien qui conduisait l'expérience expliqua que, dans le temascal, on n'a d'autre choix que de plonger en lui-même et de se regarder en face. Je me souviens de m'être fait deux réflexions très importantes en y étant : « Si Dieu me permet de faire ceci, c'est que ce doit être sûr » et, immédiatement après, je me dis : « Mabel, si tu es capable de surmonter cette expérience, tu es capable de tout. » Je crois avoir laissé nombre de mes peurs dans ce temascal.

Quand nous découvrons qui nous sommes et le pouvoir que nous avons, nous comprenons qu'il n'y a rien à craindre. Nous sommes toujours entourés de beaucoup de soins. Nous sommes toujours protégés. Tous les êtres humains connaissent la peur. Nous pourrions dire que c'est comme une maladie. Nous sommes dépendants de la peur, de la souffrance. Nous préférons souffrir parce que cela nous est familier. Nous connaissons cette sensation. En dépit de souffrir, nous nous sentons à l'aise. La peur, c'est ce que l'on connaît, c'est quotidien.

Lorsque nous nous décidons à affronter et à passer outre nos peurs, nous arrivons à l'autre extrémité du tunnel, nous voyons la lumière, nous reconnaissons ce qui est vrai et, non seulement nous sentons-nous triomphants et beaucoup mieux vis-à-vis de nous-mêmes, mais en plus, si nous regardons en arrière, nous voyons que ce ne fut pas aussi terrible que nous l'avions imaginé.

Un jour, je participai à un cours de négoce où quelqu'un nous raconta comment il s'était converti en vendeur de maisons. Il était très jeune et, le premier jour de travail, son supérieur lui demanda : « Tu veux vendre des maisons? » Lui, bien sûr, répondit immédiatement que oui. Alors, son supérieur le conduisit dans un quartier et lui dit : « C'est ici que je vais te laisser. Je te récupérerai dans quatre heures. Va frapper à chaque porte et demande aux gens s'ils veulent vendre leur maison. » Il lui laissa une feuille de papier sur laquelle il y avait cent cases et il lui expliqua que chaque fois que quelqu'un lui dirait NON, il mettrait une croix dans une des cases. « Va chercher tes cent premiers NON! » Le jeune n'en croyait pas ses oreilles, mais, de toute façon, pas question de fuir la situation. En fin de compte, plusieurs lui dirent NON, mais, à sa grande surprise, plusieurs aussi lui dirent OUI, que, justement, ils y pensaient et que cela les intéressait d'avoir plus d'informations. À ce moment-là, le jeune se rendit compte que chaque personne qui lui disait NON le rapprochait plus de la possibilité d'un OUI.

Nous avons tous une grande peur du NON, une peur énorme du rejet. Cependant, si nous ne nous risquons pas à recevoir un NON, jamais nous ne recevrons de OUI. Que se passe-t-il si les gens nous disent NON? Si nous y pensons bien, ce n'est pas si grave. La capacité de surmonter cette peur est ce qui différencie les personnes qui obtiennent beaucoup dans la vie de celles qui n'obtiennent presque rien, comme celles qui ont du succès et qui se surpassent de celles qui piétinent.

Évidemment, la peur est en lien avec nos propres insécurités. Si nous ne savons pas qui nous sommes, nous ne connaissons pas le pouvoir que nous avons d'attirer ce qui est parfait et correct pour nous. Lorsque nous avons confiance et croyons en nous-mêmes, nous savons reconnaître que chaque instant est parfait. Si quelqu'un nous dit NON, non seulement ce n'est pas grave mais, en plus, chaque fois, ce sera parce que ce que nous recherchions n'était pas parfait et correct pour nous, à ce moment-là. Celui qui a la foi sait bien qu'en ces occasions, très souvent, lui arrive en chemin quelque chose de meilleur et d'encore plus grand; et il l'attend avec certitude et confiance. En revanche, celui qui est désespéré et confus, et qui ne connaît pas sa véritable identité, ressent une peur profonde qui le paralyse.

Nous connaissons tous la peur, depuis le balayeur de rues jusqu'au président d'une nation. Les peurs n'ont pas de hiérarchie. La différence est que certaines personnes osent les ressentir et continuer à aller de l'avant, quoi qu'il en soit. Il faut être courageux pour réaliser ces changements. Mais, si nous ne le faisons pas, personne ne le fera pour nous. Ni Jésus ni Bouddha ne reviendront pour nous sauver. Ce dont nous avons besoin pour nous transformer est en nous. La transformation est interne. Il n'y a pas d'autre façon de faire. Il n'existe pas de raccourci dans cette recherche. Chacun de nous choisit son chemin. Plus nous sommes courageux, plus nous arriverons loin et plus seront nombreuses les possibilités qui se présenteront sur notre passage.

La bonne nouvelle, c'est que les peurs n'existent que dans notre esprit. Nous les créons nous-mêmes. Et nous sommes les seuls à pouvoir les changer. Les croyances et les mémoires peuvent être effacées. Nous n'avons pas besoin d'elles pour vivre. De ce processus dépend notre liberté. En abandonnant la prison que nous avons créée dans notre esprit, nous ouvrons la porte à notre âme et retrouvons la liberté.

Les peurs, la souffrance ainsi que la bravoure sont facultatives; elles dépendent simplement de ce que nous choisissons à chaque instant. Il est très souvent nécessaire de s'arrêter au beau milieu du chemin pour effectuer des changements radicaux. D'une certaine manière, nous devons d'abord mourir pour enfin pouvoir commencer à vivre. Je parle de la mort de cette partie en nous qui n'est pas réelle, de celle que nous avions cru être, de l'image que nous vendions aux autres et, pire encore, que nous nous vendions à nous-mêmes.

La peur, c'est comme avoir confiance en ce qui est mauvais, comme être sûrs que toutes ces mauvaises choses que nous imaginons vont arriver. La peur aussi déplace les montagnes.

Un jour, j'ai lu que, dans la vie, le succès ne se mesurait pas en fonction de ce que nous avions obtenu, mais en fonction des obstacles auxquels nous avions dû faire face. Très souvent, le bonheur est au coin de la rue, ce coin que jamais nous n'osons franchir.

Chapitre 6

L'AMOUR

*« L'amour est l'épée du guerrier :
où qu'elle frappe, elle donne la vie,
non la mort. »*

– Dan Millman, *Le guerrier pacifique*

Lorsque quelqu'un demanda à une des enfants « indigo » de parler de l'amour, elle se mit à rire comme si on lui posait une question étrange et répondit : « Je ne peux pas parler de l'amour; et, si je le pouvais, ce ne serait pas réel, car l'amour n'a rien à voir avec les mots.

– Et alors, insista la personne, qu'est-ce que le véritable amour? »

De nouveau, elle se mit à rire et dit : « Tu recommences. Tu vois comme c'est difficile? »

Peu importe à quel point nous essayons de ne pas rationaliser, c'est à peu près impossible. Nous sommes toujours en train d'essayer de tout comprendre par le mental et, ensuite, nous voulons que cette compréhension sorte par notre bouche. Mais le mental ne peut pas comprendre l'amour, car ce dernier n'a rien à voir avec la « pensée ».

Dan Millman, dans son livre *Le guerrier pacifique*, dit : « On ne peut comprendre l'amour, il faut le ressentir. La vie n'est pas, comme nous l'imaginons, perfection et triomphe, elle est seulement amour. Nous essayons toujours de tout transformer en concept mental. Oublie-toi et ressens! »

Un jour, j'ai dit à mes fils, Jonathan et Lyonel, que je les aimais, quoi qu'il arrive, que mon amour ne dépendait pas de ce qu'ils feraient ou ne feraient pas, qu'il ne dépendait pas non plus de leur comportement ou de l'obtention ou pas d'un diplôme universitaire. Ils ouvrirent tous deux bien grands leurs yeux et me regardèrent comme si j'étais en train de leur dire la chose la plus bizarre qu'ils aient jamais entendue de leur vie.

Nous avons de très mauvaises habitudes et nous les transmettons à nos enfants. C'est ainsi que nous avons appris à vivre. Nous ne connaissons pas de meilleur moyen. Depuis l'enfance, on nous apprend à faire certaines choses ou à nous comporter d'une certaine manière pour être acceptés des autres et obtenir leur amour. Mais, malheureusement, dans ce processus, nous n'apprenons ni à nous aimer ni à nous accepter. Et, paradoxalement, les gens nous traitent de la façon dont nous nous traitons nous-mêmes. De ce fait, notre désir d'amour et d'acceptation est inassouvi à cause de notre propre incapacité à nous aimer nous-mêmes.

Sans amour-propre, nous ne pouvons aimer personne. Ne pas accepter cette vérité, c'est nous tromper nous-mêmes et tromper les autres. L'essentiel est d'apprendre à nous aimer et à nous accepter tels que nous sommes. Ça ne sert à rien de faire les choses pour les autres. Si quelque chose ne fonctionne pas pour nous, il ne fonctionnera pas non plus pour les autres.

Les mères (et j'en suis une), particulièrement, ont tendance à croire qu'elles doivent sacrifier ce qui est important pour elles et se mettre en retrait pour leurs enfants. Cependant, le plus beau cadeau que nous puissions leur offrir est de nous aimer nous-mêmes. Ils pourront ainsi observer et, à travers notre exemple, apprendre à s'aimer eux-mêmes sans avoir besoin de chercher l'amour au mauvais endroit.

Quand nous sommes au bon endroit, nous permettons aux autres de l'être aussi. Plus nous nous donnons du mal pour obtenir de l'amour, en faisant certaines choses et en nous comportant d'une certaine manière envers les autres, plus nous nous éloignons de la possibilité de connaître ce à quoi nous aspirons tant. Nous devons apprendre à être heureux et à profiter de chaque instant de notre vie sans accorder d'importance à ce que les autres pensent de nous. Le plus important est ce que nous pensons de nous-mêmes.

L'amour envers notre propre personne est l'outil de transformation le plus puissant. L'amour commence par nous. Il est inutile de le chercher au-dehors. Il n'existe pas. Nous passons la majorité de notre temps à chercher l'amour au mauvais endroit, le quémandant sans cesse chez les autres sans savoir pourquoi.

Voici l'autre grave erreur que nous avons l'habitude de commettre. Nous pensons que pour être heureux nous avons besoin d'avoir un partenaire. Nous croyons que l'autre va nous apporter ce bonheur auquel nous aspirons tant. Mais, même lorsque nous avons obtenu de l'autre qu'il nous aime, nous ne nous sentons pas heureux. Nous sentons que nous ne sommes pas complets et nous recherchons chez l'autre ce que nous croyons qu'il nous manque. C'est une perte de temps.

L'amour doit se chercher en soi. Une fois qu'on l'a trouvé, que l'on se sent bien avec soi-même, que l'on s'accepte et que l'on s'aime, on découvre que, en réalité, on n'a « besoin » de personne. On cherche alors quelqu'un parce qu'on « désire » et on « choisit » d'être en couple. Dans ce contexte, on agit librement par choix et non par nécessité.

Le manque de confiance en nous nous empêche d'aimer vraiment. Nous disons que nous aimons, mais nous le faisons d'une manière possessive. Les mères, par exemple, ne permettent parfois pas à leurs enfants d'être eux-mêmes et elles les maintiennent sous l'emprise de leurs opinions et de leurs points de vue. Très souvent, elles créent des relations amoureuses dans lesquelles elles souffrent d'une terrible jalousie. Ceci n'est pas de l'amour, mais nous ne pouvons éviter ces situations. Ce sont les vieilles cassettes enregistrées qui passent à nouveau dans nos têtes. Nous ne pouvons voir les gens tels qu'ils sont. Nous les voyons à travers nos pensées et nos mémoires.

Dans l'art hawaïen du Ho'oponopono, on utilise deux outils très importants : « Je t'aime » et « Merci ». Lorsque nous les utilisons à haute voix et les disons à quelqu'un, ils sont extrêmement puissants et précieux. Lorsqu'on nous fait quelque chose que nous considérons comme injuste, lorsqu'une personne nous dit quelque chose qui nous vexe, au lieu de répondre, au lieu de lui donner notre point de vue et d'essayer de la convaincre que nous avons raison, nous pouvons répéter dans notre tête, autant de fois qu'il sera nécessaire, « je t'aime, je t'aime, je t'aime » ou « merci, merci, merci ». Ces outils provoquent généralement des résultats surprenants. Parfois, la personne s'excuse au moment où nous nous y attendions le moins. D'autres fois, il se peut qu'elle poursuive dans la même voie, mais, maintenant, ni on ne le remarque ni on en est affecté.

Avec certaines personnes, les difficultés sont plus passagères qu'avec d'autres. Avec quelques-unes, nous avons plus de mémoires. Nous ne devons pas oublier que tout change en fonction de notre perception des événements, des personnes et des situations. Et il en est de même pour les autres. Tout dépend de leur perception, de leur point de vue, de leurs mémoires. La vie est comme un film que nous aurions déjà vu plusieurs fois et qui ne cesse de repasser, encore et toujours, parce que nous continuons constamment à réagir.

Notre réaction par rapport aux problèmes est une répétition de mémoires. Les difficultés sont généralement des obstacles que nous avons déjà affrontés auparavant, mais que nous n'avons jamais surmontés. Alors, la situation se présente à nouveau pour nous donner la possibilité de réagir d'une manière différente. Généralement, aussi, les personnes apparaissent dans nos vies pour nous mobiliser et nous montrer quelles parties en nous, nous devons changer. Les relations ne sont que des miroirs dans lesquels nous voyons notre reflet.

Nous avons la possibilité de choisir de ne pas réagir. Nous pouvons tendre l'autre joue, la joue de l'amour. Sachant cela, nous pouvons mieux prendre conscience et choisir de devenir responsables. Par exemple, si nous avons des problèmes avec nos enfants, le mieux est de leur parler pendant qu'ils dorment. Il suffit de leur dire que nous les aimons et que nous les remercions d'être dans notre vie. Il n'est pas approprié de leur donner notre point de vue, à moins qu'ils ne l'aient eux-mêmes demandé. Il n'est pas non plus productif d'essayer de les convaincre que l'on a raison et pas eux. Il est très difficile de savoir ce qui est bon pour nous. Comment pouvons-nous savoir ce qui est bon pour les autres?

Le remerciement est également un outil très puissant. Quand nous nous sentons déprimés ou angoissés, le mieux est de penser à toutes les bonnes choses que nous avons dans notre vie. En pratiquant cela, très vite, notre énergie change. Nous nous élevons au-delà des problèmes. Parfois, nous ne nous rendons pas compte de tout ce que nous avons parce que nous nous concentrons sur ce que nous « croyons » qu'il nous manque. En réalité, nous avons déjà tout, y compris l'amour. Nous devons seulement donner notre permission pour le recevoir et pouvoir ainsi l'éprouver.

Nous ne pouvons pas attendre des autres qu'ils nous rendent heureux. Nous ne pouvons trouver le véritable amour qu'en nous-mêmes. Le secret du bonheur n'est pas de chercher au-dehors ou de rechercher plus, mais plutôt de développer notre capacité à aimer et à jouir de la vie.

Chapitre 7

LE CHEMIN LE PLUS COURT ET LE PLUS FACILE

« Dieu nous demande seulement de prendre bien soin de nous et de dire : "Je suis désolé". »

– Dr Ihaleakalá Hew Len

Lorsque je m'éveillai et commençai ma quête, j'essayai différentes manières et différents chemins pour atteindre la vérité, mais plus j'essayais, plus je sentais quelque chose en moi qui disait qu'il devait y avoir un moyen plus rapide et plus facile.

Quand enfin j'arrivai au Ho'oponopono, je ne me rendis pas immédiatement compte que je l'avais trouvé. Le temps passa et, un jour, participant à un cours avec mon maître Ihaleakalá, je ressentis en mon âme la certitude incontestable que c'était ce que j'avais longtemps cherché. Je n'avais besoin de rien d'autre. Grâce à Dieu, ma recherche était terminée.

Premier point essentiel : je découvris qu'il n'était pas nécessaire de dépendre d'un gourou. En effet, je peux réaliser seule le processus puisque je communique directement avec la divinité, sans intermédiaire. La seule et unique chose à faire est de nettoyer et d'effacer (pardonner). Le reste est entre les mains de Dieu. Tant que je m'occuperai de nettoyer et d'effacer (pardonner), je n'aurai à me soucier de rien. Dieu se charge de me placer au bon (juste) endroit au bon (parfait) moment. Et, pendant que j'efface, il y a quelqu'un qui veille sur moi. Moi, je n'ai pas besoin de le faire.

Dans ce dernier chapitre, je souhaite résumer les points principaux du Ho'oponopono, ce sage enseignement ancestral qui m'a octroyé les outils qui ont changé ma vie. Ces concepts sont très simples. La seule chose que la divinité nous demande est que nous assumions la pleine responsabilité, que nous demandions pardon et que nous prenions bien soin de nous-mêmes. C'est tout!

Assumer à cent pour cent notre responsabilité, c'est le chemin le plus court. Quand nous nous rendons compte que ce ne sont que « nos programmes » qui nous empêchent de voir les choses clairement, quand nous arrêtons d'accuser les facteurs extérieurs et décidons de prendre la responsabilité, les portes du paradis s'ouvrent pour nous sur un monde de possibilités infinies. Par contre, quand nous sommes en colère contre quelqu'un ou quelque chose, nous perdons notre liberté. Nos propres sentiments de haine nous condamnent et nous ligotent. Nous sommes esclaves d'eux.

De cette façon, nous ne nuisons qu'à nous-mêmes. Mais nous pouvons nous libérer grâce au pardon. Pardonner fait partie du chemin le plus court et le plus facile. Et il n'est pas nécessaire de parler avec la personne pour l'informer que nous l'avons pardonnée. Ceci est un travail intérieur. C'est un processus qui se passe entre nous et Dieu lorsque nous disons : « Divin créateur, pardonne-moi pour ce qui, en moi, a créé ceci. »

Dans mon cas, par exemple, ce n'est pas que je ne me mette plus en colère, ne réagisse plus ou n'aie plus de problèmes, mais, la grande différence, c'est que maintenant ma colère ne dure que quelques petites minutes, le temps que je me recentre, me souvienne et prenne conscience. Alors, je me dis : « Ceci, c'est moi qui suis en train de le créer, ce sont mes pensées à propos de l'autre. C'est le produit de mes programmes, de mes enregistrements et de ma perception. Je peux l'effacer. »

Ce simple processus me donne une tranquillité qui ne peut se décrire avec des mots. Pourquoi? Parce que je ne reste pas bloquée sur les pensées suivantes : « Comment se fait-il qu'il m'ait dit ceci? Comment se fait-il qu'il m'ait fait cela? » Je n'attends pas que l'autre change, réagisse de manière précise ou fasse quelque chose de spécial. Quel soulagement! Je ne dépends de rien ni de personne en dehors de moi.

Je ne m'impose pas non plus le besoin d'être parfaite ou de plaire à tout le monde. Et je n'ai besoin de convaincre personne sur mes points de vue. J'ai appris à respecter et à reconnaître que nous disposons tous du libre arbitre et que nous ne choisissons pas tous la même chose. Toutefois, maintenant, cette réalité ne me cause plus d'angoisse. Il n'y a pas de problème. Le bien et le mal sont des paramètres que nous créons dans notre esprit. Tant que nous nous aimerons et prendrons soin de nous, nous aimerons et prendrons soin des autres.

Alors, quelles sont les clés de ce processus libérateur?

Premier point essentiel : il est nécessaire de prendre la pleine responsabilité de nos vies. Nous devons apprendre à dire : « Je suis désolé, pardonne-moi pour ce qui, en moi, a créé ceci. » De cette façon, nous prenons la responsabilité et, de là, nous pardonnons à nous-mêmes. Comme nous avons tous des mémoires en commun, il suffit qu'une personne prenne la responsabilité de demander pardon pour que ces mémoires soient effacées chez elle comme chez les autres. Toutefois, il est essentiel de nous souvenir que lorsque nous faisons ce nettoyage, nous le faisons pour nous, et non pour les autres. Nous sommes venus pour nous sauver nous-mêmes, et personne d'autre, mais ce qui est magnifique dans ce processus, c'est que nous en profitons tous.

Il est également nécessaire de nous en remettre et d'accepter que l'intellect ne connaisse pas l'essence de la réalité, mais qu'il y ait une part en nous qui sache ce qui est le mieux et comment le faire. Si nous le lui permettons, cette partie qui sait nous guidera pour trouver la solution parfaite et juste pour nous.

Et, le plus important pour pouvoir expérimenter le résultat de ce « nettoyage », c'est de le faire tout le temps, comme la respiration. Savez-vous ce qui se passe si nous oublions de respirer? Il en va de même avec ce nettoyage. Il faut le faire tout le temps. Évidemment, nous sommes humains et, très souvent, nous oublions. D'autres fois, nous ne pouvons éviter de réagir. L'essentiel est de pratiquer cette méthode le plus possible, même quand on a l'impression qu'il ne se passe rien ou que l'on n'a aucun problème. Pourquoi? Parce que le mental passe à longueur de temps les enregistrements. Il répète en permanence nos programmes enregistrés, même si nous n'en sommes pas conscients.

Par chance, nous avons à tout moment la possibilité d'effacer. De cette façon, nous donnons la permission pour qu'apparaissent dans notre vie de nouvelles idées et de nouvelles possibilités. Et, très souvent, celles-ci viendront des lieux et des personnes les plus inattendus.

Mais, il faut pratiquer, pratiquer et pratiquer. Durant toute notre vie, nous avons pratiqué le « réagir » et le « souffrir ». Nous avons intégré en nous, si profondément, la réaction et la souffrance que nous le faisons automatiquement. Nous sommes experts et, j'irai jusqu'à dire, presque accros à cette façon d'exister.

Au début, le nettoyage peut sembler être quelque chose de difficile, mais ensuite il s'intègre dans notre vie quotidienne comme la respiration et il s'utilise automatiquement parce que nous commençons à nous sentir différents et à voir les résultats. Nous commençons à noter des changements dans notre vie. Nous commençons à faire l'expérience d'une profonde paix intérieure.

Il est essentiel de ne pas avoir d'attentes. Le secret est d'être ouverts et flexibles, car nous ne savons jamais d'où viendra ce que nous recevrons. Nous devons avoir confiance que viendra ce qui est juste pour nous. Parfois, ce ne sera pas ce que nous attendions, mais ce sera ce qui est approprié. Et ce ne sera pas parce qu'on ne nous a pas écoutés, parce que c'est une épreuve ou parce que nous ne le méritons pas. Nous devons nous permettre d'être surpris par l'Univers. De cette manière, nous recevrons des cadeaux inimaginables. La loi de l'Univers est ainsi. Si nous demandons quelque chose, cela nous est accordé. L'Univers doit répondre.

Il faut demander et donner la permission. Une façon de demander est en utilisant les outils du Ho'oponopono. Mais nous devons nous désintéresser du résultat. Cela se réussit en ayant confiance et en sachant qu'il nous arrivera ce qui est juste et parfait pour nous.

Cela dit, il existe des outils très concrets pour effacer les programmes que répète notre mental. L'un d'eux est de répéter mentalement et à voix basse « interrupteur, interrupteur, interrupteur », tout le temps. Avec ces mots, nous « éteignons » métaphoriquement l'interrupteur de nos programmes.

Très souvent, les gens me disent : « Comment puis-je être attentif quand on me parle si je suis en train de penser "interrupteur"? » En premier lieu, cela vaut la peine de se souvenir que les gens ne disent à peu près jamais ce qu'ils veulent réellement dire. Si quelqu'un nous raconte son problème, il le fait seulement pour nous donner l'occasion d'effacer et de nettoyer les mémoires que nous avons en commun. Rappelons-nous que ce ne sont que nos écrans, nos moniteurs. La prochaine fois, avant de réagir, avant de donner un conseil ou notre opinion, pensons « interrupteur ». Il est très probable que nous finissions justement par dire ce que la personne avait besoin d'entendre au lieu de ce que nous pensions qu'elle avait besoin d'entendre. Très souvent, il n'est même pas nécessaire de parler, de répondre, ni de dire quoi que ce soit pour que la personne finisse par se sentir mieux et par trouver elle-même, de manière miraculeuse, la solution à son problème.

« Interrupteur » est le mot de passe. Quand je m'inquiète pour mes enfants, que je suis soucieuse au sujet de l'argent ou quand j'en veux à une personne, je ne laisse pas mon intellect s'interposer et commencer à jacasser. Je répète seulement mentalement « interrupteur, interrupteur, interrupteur ». Je n'ai pas le moindre doute que cela fonctionne, mais il est important de rappeler que si nous décidons d'essayer, il se passera des choses différentes en fonction de chaque personne. Peut-être verrons-nous les résultats immédiatement? Peut-être cela prendra-t-il un peu de temps? Peut-être que nous nous rendrons compte de quelque chose seulement longtemps après que cela se sera passé?

Un autre outil pour nettoyer est de répéter « glace bleue ». J'ai dit une fois à mon fils, Lyonel, de seize ans, que lorsqu'il se blessait, il pouvait simplement penser « glace bleue, glace bleue ». Un jour, nous étions en train de déjeuner et il me montra qu'il s'était blessé. Je lui demandai : « Lyonel, as-tu utilisé "glace bleue"? » Sa réponse fut : « Oui, maman, et tu sais quoi? Quand je me sens frustré ou angoissé, je l'utilise aussi et ça m'apaise beaucoup. » À ce moment-là, je me suis souvenue que la « glace bleue » peut s'utiliser pour n'importe quel type de souffrance, aussi bien physique que mentale.

Un autre jour, je dis à mon fils : « Lyonel, je sais que je parle de choses qui peuvent paraître bizarres, mais elles fonctionnent réellement. » Il me répondit : « Oui, maman, c'est évident qu'elles fonctionnent. Tu te souviens m'avoir dit ce que je devais faire à l'école? Bon, après l'avoir fait, j'ai commencé à avoir de meilleures notes. » Il y a peu, Lyonel me dit qu'il avait lui-même du mal à croire à quel point cela avait fait du bien à tous ses professeurs.

Cela vaut la peine de mentionner ici que les problèmes physiques et les maladies sont aussi des mémoires et que nous pouvons également les effacer et les nettoyer. Nous sommes habitués de traiter la douleur ou la gêne physique, mais le problème ne se trouve pas là. Le problème se trouve dans la mémoire enregistrée dans un des milliers d'enregistrements que nous avons dans notre esprit. Comment savoir dans lequel? Comment la trouver? Eh bien, nous n'avons besoin de savoir ni quelle est cette mémoire ni dans quel enregistrement elle se trouve, car Dieu (Amour) le sait. Il faut seulement donner la permission (en répétant, par exemple, « interrupteur », « glace bleue », « merci » ou « je t'aime ») et Dieu retirera la cassette enregistrée qui contient ces mémoires et d'autres encore qui se trouvent sur la même cassette, bien que nous, nous ne le sachions pas. Oui, nous devons donner la permission. Sinon, Dieu ne peut rien faire.

Un troisième outil est de répéter « ruban antimouches ». Mon fils Jonathan se disputait beaucoup avec sa fiancée. Je lui suggérai que, la prochaine fois qu'ils auraient une dispute, il opte pour se taire et répète mentalement les mots : « Ruban antimouches ».

Quelques jours plus tard, il m'appela et me dit qu'il avait besoin de me parler. Il me raconta qu'il avait eu un problème avec sa fiancée, mais que cette fois-ci il s'était beaucoup inquiété, car il avait eu envie de la taper. Je lui demandai : « As-tu utilisé le "ruban antimouches"? » Sa réponse fut : « Oui, maman, et c'est cela qui m'a arrêté. »

Beaucoup penseront sûrement que ceci est trop facile, que ce n'est pas possible. Oui, je suis d'accord, ça semble facile, et c'est très facile. Le processus en soi est très facile. Ce qui est difficile, c'est de le faire tout le temps. À chaque moment de notre vie, nous avons la possibilité de prendre l'entière responsabilité et d'effacer nos programmes, mais, en général, nous réagissons, nous nous préoccupons, nous donnons notre avis et de cette manière nous perdons du temps et de l'énergie. Il suffit de nous souvenir que les problèmes ne sont pas les problèmes. La façon dont nous réagissons est le problème. Les opinions et les jugements que nous avons à propos du problème, c'est le problème.

Le pire, c'est que chaque fois que nous décidons de réagir au lieu de lâcher prise, nous sacrifions notre véritable identité à tant vouloir avoir raison.

Nous n'avons le choix qu'entre deux chemins : vivre selon notre être véritable ou vivre selon nos cassettes préprogrammées; nous laisser porter par l'inspiration divine ou par nos vieux programmes, qui ont déjà été essayés et qui ne fonctionnent pas. Plus nous effaçons, plus nous commençons à avoir l'expérience de notre être véritable. La raison de notre existence en ce monde est de découvrir qui nous sommes, et par le nettoyage réalisé en utilisant les outils du Ho'oponopono, nous découvrons chaque fois plus notre véritable identité.

Je veux vous expliquer clairement que lorsque nous utilisons un de ces outils, cela signifie que nous prenons totalement la responsabilité et disons implicitement : « Je suis désolé, pardonne-moi pour ce qui, en moi, a créé ceci. » Nous prions.

Prier nous permet de nous élever bien au-delà des problèmes et de ce qui n'est pas réel. Ainsi, nous permettons aux problèmes d'être transmutés. C'est une façon d'illuminer une pièce obscure et de pouvoir voir, à ce moment-là, les choses plus clairement. Alors, pourquoi nous nettoyer? Pourquoi demandons-nous pardon? Parce que nous voulons être libres, parce que nous sommes fatigués de vivre les mensonges que nous décidons de croire, parce que nous souffrons déjà suffisamment. Il est l'heure de nous retrouver nous-mêmes, de nous découvrir, d'être heureux, de profiter de la vie, de nous aimer et de nous accepter tels que nous sommes.

Notre condition humaine est d'être heureux. Avez-vous remarqué que, lorsque nous sommes heureux, tout se présente à nous facilement? Le voyage est long. Nous avons beaucoup à nettoyer, beaucoup à effacer. C'est un travail que l'on doit faire jour et nuit, mais les récompenses sont immenses. Au cours du processus, nous pouvons connaître et éprouver l'amour, profiter de la vie et découvrir que nous sommes déjà des êtres parfaits. Nous pouvons sans effort attirer à nous tout ce dont nous avons besoin. Nous pouvons apprendre à être nous-mêmes et à aimer inconditionnellement. Nous pouvons choisir la souffrance ou le bonheur, la maladie ou la santé, la peur ou l'amour. Quoi que nous décidions, ce sera bien. Ce sera notre choix.

Prenez bien soin de vous. Recevez tout mon amour.

LA PAIX DU « JE »

La paix soit avec toi, toute ma paix.

La paix qui est « Je », la paix
qui est « Je suis ».

La paix pour toujours et toujours,
maintenant et pour l'éternité.

À toi, « Je » donne ma paix.

À toi, « Je » laisse ma paix.

Non pas la paix du monde,
seulement ma paix, la paix du « moi ».

Au sujet de l'auteure

Mabel vit conformément à ce qu'elle écrit et à ce qu'elle dit. C'est pourquoi son message est si captivant, si mobilisateur et si efficace.

Mabel insuffle une inspiration qui dure toute la vie. Avec sa méthode, Mabel vous offre les outils dont vous avez besoin pour changer votre vie, outils qui engendreront des résultats durables. Sa méthode parviendra jusqu'à votre essence. Elle touchera votre âme. De fait, de nombreuses personnes disent que Mabel a changé leur vie pour toujours.

Née en Argentine, Mabel déménagea aux États-Unis en 1983 et s'établit à Los Angeles où elle exerça avec succès la profession de comptable, spécialisée dans les impôts, et d'agente financière agréée.

En 1997, Mabel monta sa propre entreprise, Your Business inc., une étape qui non seulement redoubla sa propre réussite, mais également sa capacité à travailler avec les autres. Sa compagnie prospéra, d'une part en aidant des entreprises déjà bien établies à se développer et à s'agrandir et, d'autre part, en aidant des petites entreprises à planifier et à mener à bien des programmes et systèmes fiscaux et financiers.

Mabel est auteure, conférencière, *leader* de séminaires et conseillère internationalement reconnue. Elle met en application sa connaissance, son expérience et ses capacités au cours de ses séminaires et dans ses livres, traduits à ce jour en cinq langues, en aidant des entreprises et des individus à devenir plus productifs, plus efficaces et plus prospères.

Mabel est hautement respectée pour être une des autorités les plus reconnues dans la pratique du Ho'oponopono. Elle utilise ces principes dans tous les domaines de sa vie et partage cette solution très simple pour accéder à la réussite financière et personnelle, dans ses livres, ses séminaires, ses conférences et ses émissions de radio et de télévision.

Si vous avez aimé son livre, vous aimerez également celui qu'elle coécrit avec quarante autres femmes qui connaissent succès et réussite, *Inspiration to Realization* (*De l'inspiration à la réalisation*), où sont détaillées des stratégies qui ont fait leurs preuves pour atteindre la satisfaction sur le plan commercial, personnel, financier et spirituel.

Mabel est une étoile de la communauté latine de Los Angeles où, en tant que présentatrice de sa très populaire émission de radio et de télévision *Se réveiller*, elle forme les Latino-Américains en leur offrant les outils nécessaires pour monter ou développer leurs propres entreprises, avoir des relations personnelles plus satisfaisantes et accéder à la réussite financière. Son projet le plus récent est *The Mabel Katz Show*, une émission en espagnol, unique en son genre. C'est un mélange entre les émissions d'Oprah, de Suze Orman, de l'Apprenti et de Rachel Ray.

Pour sa réussite personnelle et sa générosité d'esprit, Mabel a reçu plusieurs prix, à l'échelle locale et nationale, aux États-Unis. Elle fut nommée « femme-chef d'entreprise de l'année 2005 » par la chambre de commerce de Los Angeles. En 2006, elle reçut le prix Soleil Aztèque et le prestigieux Latin Business Association's Members Choice Awards. En 2006, également, elle fut l'une des neuf femmes aux États-Unis à recevoir le prix très convoité Anna María Arias Memorial Business Fund.

Mabel est disponible pour réaliser des entrevues, des conférences et des séminaires. Afin d'obtenir de plus amples informations ou d'organiser une entrevue pour les médias, joignez, s'il vous plaît, Mabel Katz au 818 668-2085 (en anglais ou en espagnol seulement).

Autorisations

Les outils, le matériel et l'information sur la pratique hawaïenne de la méthode Ho'oponopono (www.hooponopono.org), expliqués lors des séminaires *Sa propre identité à travers le Ho'oponopono* (*Self I-dentity through Ho'oponopono*), sont utilisés avec l'autorisation de la Foundation of I (Freedom of the Cosmos) – Volcano, Hawaï.

Dan Millman, *Way of the Peaceful Warrior* (*Le guerrier pacifique*, aux éditions du Roseau), Tiburón, Californie: H. J. Kramer inc., 1980, 1984. Nouvelle édition révisée, tous droits réservés, 2000. Citations utilisées avec l'autorisation de New World Library, Novato, CA 94949, www.newworldlibrary.com.

Eckhart Tolle, *The Power of Now* (*Le pouvoir du moment présent*, aux éditions Ariane). Novato, Californie: New Word Library, 2000. Citations de l'édition © 1999, utilisées avec l'autorisation de New World Library, Novato, CA 94949, www.newworldlibrary.com.

Les enseignements de Bouddha, Tokyo: Bukkyo Dendo Kyokai, 1966 Les enfants « indigo ». Références issues des communications des enfants avec, et à travers, James Twyman, www.emissaryoflove.com.

POUR INVITER L'AUTEURE

Mabel Katz présente des conférences et anime des séminaires dans le monde entier, en espagnol et en anglais. Elle y partage l'information et les techniques décrites dans *La voie la plus facile* et les miracles qu'elle expérimente chaque jour dans sa vie, en tant que mère, comptable, coordinatrice d'événements ou négociatrice de contrats, lorsqu'elle utilise ces outils, simples et efficaces, pour la résolution de problèmes.

« La vie est un travail intérieur et est beaucoup plus facile si nous l'observons et passons notre chemin! »

– Mabel Katz

Pour toute information concernant les conférences et séminaires de Mabel Katz ou pour inviter l'auteure à présenter une conférence ou un séminaire, joignez-la à l'adresse suivante : P.O. Box 427, Woodland Hills, CA 91365, par courriel au www.mabelkatzshow.com ou visitez le site www.hooponoponoway.com.

COMMENTAIRES DES LECTEURS

« *La voie la plus facile*... Votre “petit” livre a eu un “grand” impact dans ma vie. Merci! »

Laura, Los Angeles

« J’ai eu beaucoup de plaisir à lire votre livre. Je veux en acheter trois de plus pour les offrir à des amis. »

RP, Hawaï

« Votre livre m’a redonné la foi, l’espoir. C’est une inspiration. »

Elena, Los Angeles

« Votre livre m’a aidé à prendre une décision très importante dans ma vie. »

Pablo, Mexico

« C’est simple, facile à comprendre. Ce livre a touché mon cœur et mon âme. Merci de nous ouvrir votre cœur et votre vie, et de me donner des outils qui peuvent faire une différence dans la mienne. »

Bruce, Los Angeles

« Mabel, ton chapitre sur l’argent est incroyable; je l’ai déjà lu trois fois. »

Maria, Huntington Park

« Tout mon livre est souligné. Je pratique les techniques et elles fonctionnent! »

Diane, Woodland Hills

« À peine avais-je terminé de le lire que je me sentais déjà mieux, plus sûre de moi. Je sentais que oui, je pouvais le faire! »

Vanessa, Argentine

« Je viens de terminer votre livre et je me sens déjà beaucoup mieux. Surtout, j'ai une plus grande confiance en moi. »

Gabriela, Israël

MARQUIS

Québec, Canada

RECYCLÉ
Papier fait à partir de matériaux recyclés
FSC www.fsc.org FSC® C103567

Imprimé sur du papier Enviro 100% postconsommation traité sans chlore, accrédité ÉcoLogo et fait à partir de biogaz.

CHOIX ENVIRONNEMENTAL · ENVIRONMENTAL CHOICE

PROCESSED CHLORINE FREE · PROCÉDÉ SANS CHLORE

100%

PERMANENT

BIO GAZ ÉNERGIE